LILIAN ZIEGER

Ilustrações: JÓTAH

Paulinas

Dados Internacionais de Catalogação na Publicação (CIP)
(Câmara Brasileira do Livro, SP, Brasil)

Zieger, Lilian
   A bruxa apaixonada e o lobo fujão / Lilian Zieger ; ilustrações Jótah. — 3. ed. — São Paulo : Paulinas, 2010. — (Coleção sabor amizade. Série com-fabulando)

   ISBN 978-85-356-1320-9

   1. Literatura infantojuvenil   I. Jótah.   II. Título. III. Série.

10-01346   CDD-028.5

Índices para catálogo sistemático:
   1. Literatura infantil   028.5
   2. Literatura infantojuvenil   028.5

Direção-geral: *Flávia Reginatto*
Editora responsável: *Maria Alexandre de Oliveira*
Copidesque: *Maria Cecília Pommella Bassarani*
Coordenação de revisão: *Andréia Schweitzer*
Revisão: *Patrizia Zagni*
Ana Cecilia Mari
Direção de arte: *Irma Cipriani*
Gerente de produção: *Felício Calegaro Neto*
Produção de arte: *Mariza de Souza Porto*

3ª edição – 2010
2ª reimpressão – 2018

Nenhuma parte desta obra pode ser reproduzida ou transmitida por qualquer forma e/ou quaisquer meios (eletrônico ou mecânico, incluindo fotocópia e gravação) ou arquivada em qualquer sistema ou banco de dados sem permissão escrita da Editora. Direitos reservados.

Paulinas
Rua Dona Inácia Uchoa, 62
04110-020 – São Paulo – SP (Brasil)
Tel.: (11) 2125-3500
http://www.paulinas.org.br – editora@paulinas.com.br
Telemarketing e SAC: 0800-7010081
© Pia Sociedade Filhas de São Paulo – São Paulo, 2004

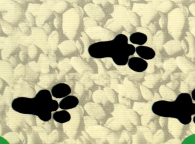

Apresentação

A bruxa apaixonada e o lobo fujão conta a história de uma bruxa muito feia e de um lobo muito mau. Até aí tudo normal, mas acontece que a bruxa muito feia se apaixona (como qualquer moça bonita) pelo lobo muito mau. E a fera se assusta e tenta fugir, como qualquer menino assustado, dessa grande paixão. O resto não irei contar, porque não sou estraga-prazeres, só quis aguçar o clima de mistério dessa história. Porque há histórias e histórias.

Há aquelas que não dão chance de a personagem ser aquilo que de fato é, como quando se é autêntico. Fechadas em si mesmas, essas histórias não nos deixam imaginá-las em paz.

Outras, porém, sabem se abrir e abrir-nos. E, portanto, dançar. São contos como *Chapeuzinho vermelho*, *Os três porquinhos*, *Barbazul*, que, por meio da difusão oral, ninguém deixa de contar. Histórias como essas deixam lobos e bruxas livres para ocuparem o nosso coração bem no lugar que ele precisa ser preenchido. Em uns, esse lugar é o medo, em outros, o desamparo, em outros, ainda, um não sei o quê.

Assim é *A bruxa apaixonada e o lobo fujão*. Para mim, por exemplo, a bruxa da história é uma moça qualquer, sozinha neste mundo, que quer encontrar o seu amor. E o lobo, mais que um moço ou alguém, é um lugar; aquele lugar onde a gente tem medo de amar moça ou moço e, como quem não quer nada, dá mancada, afasta, rejeita até ficar com nada mesmo.

Não me levem ao pé da letra. Levem, sim, para o coração, a bruxa, o lobo, o sábio, o urubu, as personagens todas, que é o mais conveniente destino daquilo que lemos e de que gostamos.

A história de Lilian Zieger é assim: deixa-se acomodar no coração e nas necessidades de seus leitores. E a turma toda da bruxa e do lobo será aquilo que você quiser ou imaginar.

E, como toda boa história, tem mais, tem sempre mais. E há humor, diálogo, conversa com outras histórias, tudo, enfim, que encanta grandes e pequenos leitores.

Agora é a sua vez de ler. E, depois, decifrar você mesmo que diabos e deuses esse lobo e essa bruxa representam.

Celso Gutfreind
(Escritor e psiquiatra, autor de livros de poesia e de literatura infantil)

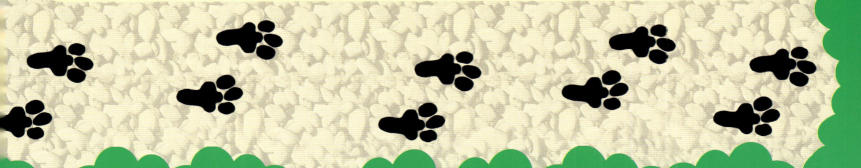

A bruxa Rebeca andava impaciente. Queria encontrar alguém para namorar. Ela se achava um charme só! Querem ver?

Cabelos descabelados, grudados de melado. Vestido amarrotado, sujo e desbotado (também, pudera, fora comprado no Festival das Bruxas havia cento e vinte anos!).

Sapatos de couro de gambá, fétidos e furados.

O sovaco da bruxa cheirava a jacaré podre e a boca... A boca era malcheirosa, feito cebola e alho cobertos de queijo mofado.

Suas unhas eram compridas e tortas e o nariz tinha duas verrugas bem grandes e pretas.

Que bruxa bem feia!

Mas a bruxa se olhava no espelho e dizia:

— Sou linda, linda, linda e muito charmosa. Eles é que não sabem. Vou sair por aí e achar um namorado.

Rebeca resolveu ir para a floresta encantada.
Lá, com certeza, acharia um amor para a sua vida
(pensava ela, é claro!).
Andou pela floresta, de dia e de noite. E nada!
Até que viu, escondido atrás da árvore, o Lobo Mau.
Ao se deparar com aquela cena,
mil corações saíram dos olhos dela.
Era ele! Era ele!
Rebeca se apaixonou imediatamente
e correu ao encontro do seu amado.
O Lobo Mau, ao ver a imagem de uma bruxa
correndo em sua direção,
pensou logo em feitiço e maldição.

Até que encontrou um buraco na terra: era uma antiga armadilha de caçadores. Escondeu-se e colocou galhos para tapar-lhe o focinho.

A bruxa procurou-o por todos os cantos e acabou desistindo. Voltou para seu castelo mal-assombrado, para consultar seu urubu de estimação. Ele podia ver a distância, além do que seus olhos alcançavam.

Enquanto isso, o Lobo Mau saiu do buraco e foi falar com seu amigo Tavera, outro lobo muito malvado que vivia pelos campos procurando meninas bobas para comer.
Ao encontrá-lo, perguntou logo:
— Tavera, não sabe o que a bruxa Rebeca quer comigo? Posso comer velhotas e assustar Chapeuzinho Vermelho, mas de urucubaca quero distância.
— Tô fora! Eu, de bruxas, também não quero nada. Não sei, não... Hum... Talvez Rebeca queira cozinhar você no caldeirão e fazer sabão de lobo.
Os dois lobos ficaram confabulando até a noite. Acabaram dormindo, sem decifrar o segredo da perseguição de Rebeca ao Lobo Mau.

No castelo, a bruxa dirigiu-se ao urubu Petéo:
— Fala logo onde está o meu lobinho... — suplicou Rebeca.
— Calma, sua assanhada! Eu não sou a jato. Estou vendo aos pouquinhos. Ei! Vi! Ele está dormindo no campo. Mas tem uma coisa: pensa que você quer cozinhá-lo e fazer sabão. Precisa dizer a ele qual a sua real intenção!
— Como? Como? Fala logo!
— Que bruxa danada! Mas, tá bem. Mande uma carta de amor. Tem que ser perfumada e cheia de beijos.
— Vou fazer agorinha. Já, já.
"... Meu Lobo Mau, estou apaixonadérrima! Quero me casar com você. Beijos na boca, ou melhor, no focinho."
A bruxa colocou cheiro de lobisomem na carta e envelopou-a. Envelope preto com fita vermelha, bem ao estilo de bruxa. Entregou-o ao Pombo-Correio, que saiu voando à procura do Lobo Mau.

Ao encontrar o lobo, colocou a carta no rabo dele e foi embora.
Quando o lobo acordou, levou um susto.
— Que é isto? Um envelope com cheiro de assombração? Olhe, Tavera!
Lobo Mau leu a tal carta para o amigo e ficou de olhos arregalados. Quem a teria mandado? Não tinha assinatura!

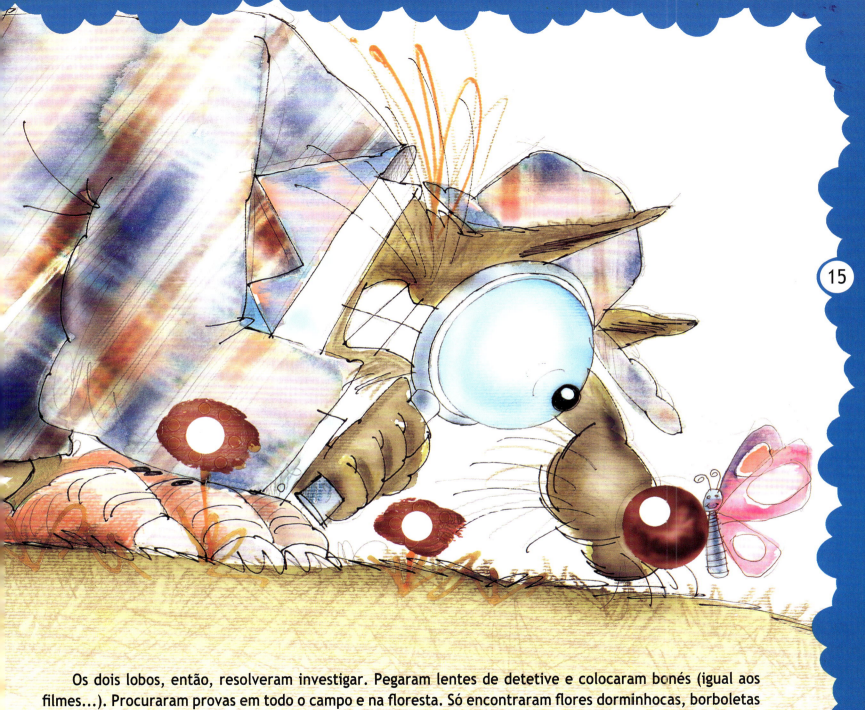

Os dois lobos, então, resolveram investigar. Pegaram lentes de detetive e colocaram bonés (igual aos filmes...). Procuraram provas em todo o campo e na floresta. Só encontraram flores dorminhocas, borboletas faceiras e gazelas medrosas. Nada de bicho apaixonado! Não, mesmo! Ainda mais por um Lobo Mau!

Então, exaustos de tanto investigar, foram ter um dedo de prosa com o sábio da floresta, seu Macaco Pensador.

O sábio conversou com os lobos, apesar do medo que tinha deles.

— Vou refletir sobre a situação. Trata-se de um acontecimento muito peculiar... Daqui a uma hora eu dou a resposta.

Os dois sentaram numa pedra e puseram-se a esperar.

Na hora da resposta, veio o que o lobo não queria ouvir:

— Só pode ser a bruxa Rebeca! Ela o perseguiu: primeiro ponto. A carta é preta e vermelha, cores de bruxa: segundo ponto. O papel está com cheiro de lobisomem: terceiro ponto. Só pode ser coisa da Rebeca!

Há!... Há!... Há!... O macaco morria de rir e o Lobo Mau quase desmaiou. Que cena: um Lobo Mau morrendo de medo!

— Eu não quero saber de bruxa nenhuma! — berrou o Lobo Mau.

O problema estava complicado de resolver.

Bruxa cheia de amor!

Lobo coberto de pavor!

Que fazer?

Nesse meio-tempo, um observador silencioso a tudo prestava atenção. Era o Besouro Encantado. Ele, então, resolveu se pronunciar:

— Senhores, tenho uma sugestão. Mande uma carta-resposta, seu Lobo, dizendo que nada quer.

Assim foi feito.

"... Bruxa Rebeca, quero lhe dizer que não a amo e não desejo beijo nenhum."

Envelopou e selou. Envelope branco e selo marrom, feito coisa de lobo.

Rebeca recebeu a carta e pôs-se a chorar e chorar. Chorou tanto pelo seu amor desesperado que suas lágrimas lavaram toda a maldade de sua alma. Ela se olhou no espelho e viu um rosto limpo e rosado. Sentiu-se tão estranha... Foi até tomar banho e trocar as roupas fedorentas. Colocou talco de gente e sapatos limpos.

Então, saiu tristonha a caminhar pela estrada. Pensou e pensou muito.

— Não quero mais ser bruxa! Vou virar uma fadinha. Assim, pode ser que o Lobo Mau me ame.

A bruxa fez, assim, um encanto para si mesma. Caíram as verrugas, os cabelos alisaram e o mau hálito desapareceu. Parecia outra bruxa, ou melhor, outra fada. Quer dizer, parecia outro ser da floresta.

Assim, diferente de como estava, foi procurar o Lobo Mau. Encontrou o animal numa caverna. Fez carinho no pelo dele e ele acordou. Lobo Mau levou o maior susto do mundo.
— Quem é você? Não tem medo de mim? — perguntou o lobo.
— Eu? Claro que não! Estou apaixonada por você, por isso não tenho medo — respondeu ela.

O lobo, ao ouvir aquilo, sentiu a maldade de seu coração derreter e escorrer pelas patas, até chegar ao chão.

Amansou, assim, seu coração de pedra e uma luz reluziu no seu peito.

Os dois, a bruxa que virou fadinha e o lobo mau que se tornou um bom lobo, resolveram casar-se.

Na festa, Macaco Pensador, Besouro Encantado e Pombo-Correio foram homenageados: ganharam uma viagem para a Terra da Felicidade Sem-Fim.

E a lua-de-mel dos apaixonados?

Ah! Foi no Mundo Encantado de Peter Pan.

Nasci em janeiro de 1958, em Porto Alegre. Estudei na Escola Normal do I. E. General Flores da Cunha e graduei-me pela Fapa/POA. Sou pedagoga, supervisora escolar e escritora. Fui professora de 1ª a 4ª séries por dezessete anos e, atualmente, sou presidente da Associação dos Supervisores de Educação do Estado do Rio Grande do Sul e leciono na Ulbra. Participei de mais de vinte coletâneas e colaborei em vários artigos na área da educação, além de ter publicado, até o momento, doze livros. O primeiro foi *Asas da imaginação*, em 1987. Depois disso, escrevi *Escola: um lugar para ser feliz* (Ulbra), voltado para educadores, e quatro histórias infantis: *A bruxa do coração doce* e *O sonho virado* (Kuarup), *Ted, o meu tênis* (Paulinas) e *Palavra engasgada* (Sulina).

Lilian Zieger

Houve uma época em que meninas sonhavam com príncipes encantados e meninos sonhavam em abraçar as mocinhas depois de salvá-las dos vilões.
Mas o que realmente importa nessas bonitas histórias, que mais parecem contos de fada, é o que está escondido dentro do baú — um tesouro chamado amor. É o amor que dá sentido às nossas histórias, mesmo quando quem se apaixona é uma bruxa feiosa, e justo pelo lobo mau. É o amor que deixa tudo mais bonito, derrete corações, transforma sentimentos, faz o Lobo Mau ficar bonzinho e a bruxa feia virar princesa. É como diz o ditado: "Quem ama o feio, bonito lhe parece". Quem sabe se olhássemos sempre o lado mais bonito das coisas e das pessoas as histórias do mundo não teriam sempre um final feliz...

Jótah

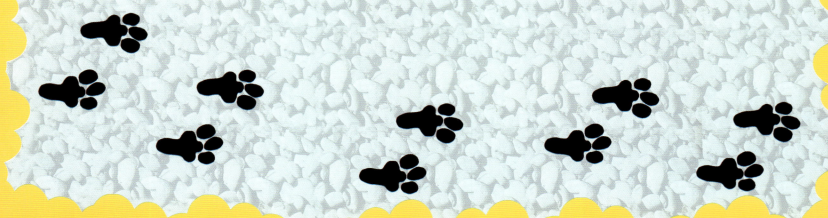